MW01138344

Notebook

Property of:

Strategic Publications

Strategic Publications

DIY Planner Journals - Helene Malmsio

Index:

Date: Page:

Date: Page:

Date: Page:

Date: Page:

Date: Page:

Date: Page:

Date: Page:

Date: Page:

Date: Page:

Date: Page:

Date: Page:

Date:

Page:

Date: Page:

Date: Page:

Date: Page:

Date:

Page:

Date: Page:

Date: Page:

Date: Page:

Date:

Page:

Date: Page:

Date:

Page:

Date: Page:

Date:

Page:

Date: Page:

Date:

Page:

Date: Page:

Date: Page:

Date: Page:

Date: Page:

Date: Page:

Date:

Page:

Date: Page:

Date: Page:

Date: Page:

Date: Page:

Date: Page:

Date:

Page:

Date: Page:

Date: Page:

Date: Page:

Date: Page:

Date: Page:

Date:

Page:

Date: Page:

Date: Page:

Date: Page:

Date:

Page:

Date: Page:

Date:

Page:

Date: Page:

Date: Page:

Date: Page:

Date:

Page:

Date: Page:

Date: Page:

Date: Page:

Date: Page:

Date: Page:

Date: Page:

Date: Page:

Date: Page:

Date: Page:

Date: Page:

Date: Page:

Date:

Page:

Date: Page:

Date: Page:

Date: Page:

Date: Page:

Date: Page:

Date: Page:

Date: Page:

Date:

Page:

Date: Page:

Date: Page:

Date: Page:

Date:

Page:

Date: Page:

Date:

Page:

Date: Page:

Date: Page:

Date: Page:

Date:

Page:

Date: Page:

Date: Page:

Date: Page:

Date:

Page:

Date: Page:

Date:

Page:

Date: Page:

Date:

Page:

Date: Page:

Date: Page:

Date: Page:

Date:

Page:

Date: Page:

Date:

Page:

Date: Page:

Date: Page:

Date: Page:

Date: Page:

Date: Page:

Date: Page:

Date: Page:

Date: Page:

Date: Page:

Date:

Page:

Date: Page:

Date:

Page:

Date: Page:

Date: Page:

Date: Page:

Date: Page:

Date: Page:

Date:

Page:

Date: Page:

Date:

Page:

Date: Page:

Date: Page:

Date: Page:

Date:

Page:

Date: Page:

Date: Page:

Date: Page:

Date:

Page:

Date: Page:

Date:

Page:

Date: Page:

Date:

Page:

Date: Page:

Date: Page:

Date: Page:

Date: Page:

Date: Page:

Date: Page:

Date: Page:

Date: Page:

Date: Page:

Date:

Page:

Date: Page:

Date: Page:

Date: Page:

Date: Page:

Date: Page:

Date: Page:

Date: Page:

Date:

Page:

Date: Page:

Date:

Page:

Date: Page:

Date: Page:

Date: Page:

Date:

Page:

Date: Page:

Date: Page:

Date: Page:

Date: Page:

Date: Page:

Date:

Page:

Date: Page:

Date:

Page:

Date: Page:

Date:

Page:

Date: Page:

Date: Page:

Date: Page:

Date:

Page:

Date: Page:

Date:

Page:

Date: Page:

Date:

Page:

Date: Page:

Date:

Page:

Date: Page:

Date: Page:

Date:

Page:

Date:

Page:

Date:

Page:

Date:

Page:

Date: Page:

Date: Page:

Date: Page:

Date:

Page:

A lifetime fan of Diary & Journal creation for her own writing and embellishing, Helene Malmsio has compiled a collection of Diaries, Journals and Bullet dot grid Planners in paperback soft cover books for your pleasure. Check out Amazon "Strategic Publications" page for all the designs available in the series.

"When you use one of my Journals I want it to make you feel good. Knowing you can use these as a creative tool to craft a better life for yourself and your loved ones, is my inspiration – ENJOY!"

Other online resources from **Helene Malmsio** and **Strategic Publications**:

www.HeleneMalmsio.com
www.DiscoveryHub.net
www.PLRhub.net
www.ColourMeKind.com
www.Amazon.com/author/Strategic

Thank you for your purchase of this book, as the bulk of the sales proceeds are used to help fund animal welfare organizations around the world, so you are helping to be the solution to a better kinder world when you buy from these resources.

"Be the change you wish to see in the world."

- Mahatma Gandhi

Strategic Services
Established in 1987

58102435R00106

Made in the USA
Middletown, DE
04 August 2019